Die Fülle in der Natur, Sonnentage und warme Nächte, Gedeihen und Reifen – keine Jahreszeit gleicht dem Sommer. Deutsche Lyriker aus vier Jahrhunderten besingen in diesem Buch die frohen Tage des Lichts, in denen auch die Menschen aufblühen und ins Freie drängen. Facettenreich werden in den Gedichten die sommerlichen Gefühle eingefangen, um sie für immer aufzubewahren: die schwebende Heiterkeit des Frühsommers, die immer üppiger werdende Pracht im Juni und Juli bis hin zum Erntemonat August, in dem der Sommer seinen Abschied feiert.

Gudrun Bull, in München lebende Germanistin, hat bereits zahlreiche Anthologien bei dtv herausgegeben, darunter die erfolgreichen Geschenkbücher ›Ich wollt' ein Sträußlein binden‹ (dtv 13638) und ›Gedichte für einen Wintertag‹ (dtv 13604).

Gedichte für
einen Sommertag

Herausgegeben
von Gudrun Bull

Deutscher Taschenbuch Verlag

Von Gudrun Bull
sind im Deutschen Taschenbuch Verlag erschienen:
Sagenhafte Weihnacht (20846)
So schöne Blumen blühn für Dich (20870)
Nicht nur zur Osterzeit (20885)
Gedichte für einen Wintertag (13604)
Ich wollt' ein Sträußlein binden (13638)

Für meine Mutter

Originalausgabe
Juni 2008
Deutscher Taschenbuch Verlag GmbH & Co. KG,
München
www.dtv.de
© Deutscher Taschenbuch Verlag, München
Umschlagkonzept: Balk & Brumshagen
Umschlagbild: ›Rosa Mollissima‹ (1817) von Pierre Joseph Redouté
(Bridgeman Giraudon)
Gesetzt aus der Bembo 10/12˙ (3B2)
Gesamtherstellung: Druckerei C. H. Beck, Nördlingen
Gedruckt auf säurefreiem, chlorfrei gebleichtem Papier
Printed in Germany · ISBN 978-3-423-13663-1

Inhalt

I
Willkommen liebe Sommerzeit   7

II
Rings Sonnenschein auf Wies' und Wegen   39

III
Duft und Wind und Lerchenlieder   75

IV
Sommersneige   97

Anhang

Zu dieser Ausgabe   129

Quellennachweis   135

I

WILLKOMMEN LIEBE SOMMERZEIT

Ich fahre mit den Winden,
Die fächelnd vor dem Sommer wehn;
Wo Klang und Duft sich finden,
Kann man mich immer sehn!

Gottfried Keller

Ludwig Christoph Heinrich Hölty
1748–1776

MAILIED

Willkommen liebe Sommerzeit,
    Willkommen schöner Mai,
Der Blumen auf den Anger streut,
    Und alles machet neu.

Die Vögel höhen ihren Sang,
    Der ganze Buchenhain
Wird süßer, süßer Silberklang,
    Und Bäche murmeln drein.

Rot stehn die Blumen, weiß und blau,
    Und Mädchen pflücken sie,
Bald auf der Flur, bald auf der Au,
    Ahi, Herr Mai, ahi!

Ihr Busen ist von Blümchen bunt,
    Ich sah ihn schöner nie,
Es lacht ihr rosenroter Mund,
    Ahi, Herr Mai, ahi!

Emanuel Geibel
1815–1884

MORGENWANDERUNG

Wer recht in Freuden wandern will,
Der geh der Sonn entgegen;
Da ist der Wald so kirchenstill,
Kein Lüftchen mag sich regen;
Noch sind nicht die Lerchen wach,
Nur im hohen Gras der Bach
Singt leise den Morgensegen.

Die ganze Welt ist wie ein Buch,
Darin uns aufgeschrieben
In bunten Zeilen manch ein Spruch,
Wie Gott uns treu geblieben;
Wald und Blumen nah und fern
Und der helle Morgenstern
Sind Zeugen von seinem Lieben.

Da zieht die Andacht wie ein Hauch
Durch alle Sinnen leise,
Da pocht ans Herz die Liebe auch
In ihrer stillen Weise,
Pocht und pocht, bis sich's erschließt,
Und die Lippe überfließt
Vor lautem, jubelndem Preise.

Und plötzlich läßt die Nachtigall
Im Busch ihr Lied erklingen,
In Berg und Tal erwacht der Schall
Und will sich aufwärts schwingen,
Und der Morgenröte Schein
Stimmt in lichter Glut mit ein:
Laßt uns dem Herrn lobsingen.

Marie von Ebner-Eschenbach
1830–1916

SOMMERMORGEN

Auf Bergeshöhen schneebedeckt,
Auf grünen Hügeln weitgestreckt
Erglänzt die Morgensonne;
Die tauerfrischten Zweige hebt
Der junge Buchenwald und bebt
Und bebt in Daseinswonne.

Es stürzt in ungestümer Lust
Herab aus dunkler Felsenbrust
Der Gießbach mit Getose,
Und blühend Leben weckt sein Hauch
Im stolzen Baum, im niedren Strauch,
In jedem zarten Moose.

Und drüben wo die Wiese liegt,
Im Blütenschmuck, da schwirrt und fliegt
Der Mücken Schwarm und Immen.
Wie sich's im hohen Grase regt
Und froh geschäftig sich bewegt,
Und summt mit feinen Stimmen.

Es steigt die junge Lerche frei
Empor gleich einem Jubelschrei
Im Wirbel ihrer Lieder.
Im nahen Holz der Kuckuck ruft,
Die Amsel segelt durch die Luft
Auf goldenem Gefieder.

O Welt voll Glanz und Sonnenschein,
O rastlos Werden, holdes Sein,
O höchsten Reichtums Fülle!
Und dennoch, ach – vergänglich nur
Und todgeweiht, und die Natur
Ist Schmerz in Schönheitshülle.

Oskar Loerke
1884–1941

Weil die Wiesen
Ohne Ende,
Einerlei, –
Sind die Wiesen
Ohne Ende
Eine seidne Narretei.

In den Wiesen
Gehen Schimmel,
Grade drei,
Gehn in diesen
Großen Himmel,
In die blaue Narretei.

Bäume wiegen
Sich und biegen
Kronen, Vögel, Nest und Ei
Und sie tanzen
Mit der ganzen
Süßen Erdennarretei.

Martin Greif
1839−1911

Am liebsten vor den Toren
Bring ich mein Pfingsten zu,
In ein Gefild verloren
Voll sommerlicher Ruh.

Wenn ferne Glocken spielen
Und alles um mich schweigt,
Da mein ich wohl zu fühlen
Den Geist, der niedersteigt.

Paul Gerhardt
1607–1676

Geh aus, mein Herz, und suche Freud
In dieser lieben Sommerzeit,
An deines Gottes Gaben;
Schau an der schönen Gärten Zier,
Und siehe, wie sie mir und dir
Sich ausgeschmücket haben.

Die Bäume stehen voller Laub,
Das Erdreich decket seinen Staub
Mit einem grünen Kleide.
Narcissen und die Tulipan,
Die ziehen sich viel schöner an,
Als Salamonis Seide.

Die Lerche schwingt sich in die Luft,
Das Täubchen fleucht aus seiner Kluft,
Und macht sich in die Wälder.
Die hochgelobte Nachtigall
Ergötzt und füllt mit ihrem Schall
Berg, Hügel, Tal und Felder.

Die Glucke führt ihr Küchlein aus,
Der Storch baut und bewohnt sein Haus,
Das Schwälblein speißt die Jungen;
Der schnelle Hirsch, das leichte Reh
Ist froh, und kommt aus seiner Höh,
Ins tiefe Gras gesprungen.

Die Bächlein rauschen in dem Sand,
Und mahlen sich in ihrem Rand
Mit schattenreichen Myrthen;
Die Wiesen liegen hart dabei,
Und klingen ganz von Lustgeschrei
Der Schaf und ihrer Hirten.

Die unverdroßne Bienenschaar
Fleucht hin und her, sucht hier und dar
Ihr edle Honigspeise;
Des süßen Weinstocks starker Saft
Bringt täglich neue Stärk und Kraft
In seinem schwachen Reise.

Ich selber kann und mag nicht ruhn,
Des grossen Gottes grosses Tun
Erweckt mir alle Sinnen,
Ich singe mit, wenn alles singt,
Und lasse, was dem Höchsten klingt,
Aus meinem Herzen rinnen.

Ach, denk ich, bist du hier so schön,
Und lässest uns so lieblich gehn,
Auf dieser armen Erden;
Was will doch wohl nach dieser Welt
Dort in dem festen Himmelszelt
Und güldnem Schlosse werden.

O wär ich da! o stünd ich schon,
Ach süßer Gott vor deinem Thron,
Und trüge meine Palmen;
So wollt ich nach der Engel Weis
Erhöhen deines Namens Preis
Mit tausend schönen Psalmen.

Marie Luise Kaschnitz
1901–1974

Juni

Schön wie niemals sah ich jüngst die Erde.
Einer Insel gleich trieb sie im Winde.
Prangend trug sie durch den reinen Himmel
Ihrer Jugend wunderbaren Glanz.

Funkelnd lagen ihre blauen Seen,
Ihre Ströme zwischen Wiesenufern.
Rauschen ging durch ihre lichten Wälder,
Große Vögel folgten ihrem Flug.

Voll von jungen Tieren war die Erde.
Fohlen jagten auf den grellen Weiden,
Vögel reckten schreiend sich im Neste,
Gurrend rührte sich im Schilf die Brut.

Bei den roten Häusern im Holunder
Trieben Kinder lärmend ihre Kreisel.
Singend flochten sie auf gelben Wiesen
Ketten sich aus Halm und Löwenzahn.

Unaufhörlich neigten sich die grünen
Jungen Felder in des Windes Atem,
Drehten sich der Mühlen schwere Flügel,
Neigten sich die Segel auf dem Haff.

Unaufhörlich trieb die junge Erde
Durch das siebenfache Licht des Himmels.
Flüchtig nur wie einer Wolke Schatten
Lag auf ihrem Angesicht die Nacht.

Paul Boldt
1885–1921

Junge Pferde

Wer die blühenden Wiesen kennt
Und die hingetragene Herde,
Die, das Maul am Winde, rennt:
Junge Pferde! Junge Pferde!

Über Gräben, Gräserstoppel
Und entlang den Rotdornhecken
Weht der Trab der scheuen Koppel,
Füchse, Braune, Schimmel, Schecken!

Junge Sommermorgen zogen
Weiß davon, sie wieherten.
Wolke warf den Blitz, sie flogen
Voll von Angst hin, galoppierten.

Selten graue Nüstern wittern,
Und dann nähern sie und nicken,
Ihre Augensterne zittern
In den engen Menschenblicken.

Gottfried Keller
1819–1890

IN EINES ARMEN GÄRTCHEN

In eines Armen Gärtchen, tief verborgen,
Blüht einsam eine wunderschöne Rose,
Sie schmückt mit Tau der klare Sommermorgen,
Und schmeichelnd um sie her die Abendlüfte kosen.

Doch nichts bewegt ihr schuldlos heitres Leben;
Sich unbewußt, in kindlich süßem Träumen,
Schaut unverwandt mit ahnungsvollem Beben
Die Zarte nach des Äthers fernen blauen Räumen.

Da naht es sich mit goldnen Liebesschwingen,
Der Schmetterling wiegt sich im Glanz der Sonne;
Er wird der Rose teure Grüße bringen,
Sie wecken zu der Liebe Weh und Wonne.

Schon glühet sie von seinen heißen Küssen,
Nicht weiß die Arme, wie ihr will geschehen,
Sie siehet tausend Blütensterne sprießen
Und rings um sich ein Zauberland entstehen.

Das zarte Herz, das lang verschlossen träumte,
Erschließt sich jetzt in unbegrenztem Sehnen;
Was unsichtbar im reichen Innern keimte,
Eröffnet üppig sich mit Liebesтränen.

Noch zittert sie, und schon ist er entschwunden,
Der schöne Fremdling, dem sie sich ergeben.
Er hat sie leider nimmermehr gefunden –
Lang ist die Liebe, doch nur kurz das Leben.

Und stille wird die Rose nun verblühen,
Die Blätter fallen schon, eins nach dem andern.
So wird auch unser Jugendstern verglühen –
Wir träumen nur, wir lieben und wir wandern.

Hermann Allmers
1821–1902

FELDEINSAMKEIT

Ich liege still im hohen, grünen Gras
Und sende lange meinen Blick nach oben,
Von Grillen rings umschwirrt ohn' Unterlaß,
Von Himmelsbläue wundersam umwoben.

Und schöne, weiße Wolken ziehn dahin
Durchs tiefe Blau wie schöne, stille Träume, –
Mir ist, als ob ich längst gestorben bin
Und ziehe selig mit durch ew'ge Räume.

Paul Heyse
1830–1914

DIE EIDECHSE

Eine fand ich, eine fette,
Die vor ihrem Schlupfloch saß,
Ehrbar, sauber und behaglich,
Und die Augen hell wie Glas.

An dem warm besonnten Steine
Putzte sie das Näschen blank,
Fing sich dann und wann ein Mückchen,
Das sich ihr zu nahe schwang.

Rechts und links durch alle Ritzen
Raschelte die junge Brut.
Sie allein blieb stattlich sitzen,
Wie gereifte Weisheit tut.

Nur zuweilen mit dem Schwänzchen
Zuckte sie bedeutungsvoll,
Trieben es die jungen Leute
In den Kammern gar zu toll.

So in innres Schaun versunken
Und Genuß des Sonnenlichts,
Nicht erschrak sie, da ich nahte,
Denn der Weise fürchtet nichts.

Wie der Philosoph der Tonne
Sah sie nur mich bittend an:
Geh mir etwas aus der Sonne,
Unbekannter junger Mann.

Michael Buselmeier
* 1938

SOMMERMITTAG

Jetzt werden Ping-Pong-Tische
ins Freie gezogen
weiße Gartenmöbel
auf den Rasen gesetzt
Knirschender Kies
ein blau-rot gestreifter
Sonnenschirm
die Blätter der Birke
sieden im Wind
Unterm Efeu
Modergeruch
Wie sich das Gras
über die Kindergräber wellt
Warme Sandsteinmauer
Kirschen, dicht
über meinem Kopf
ein Zeppelin
Ohne Brille kann ich
die Reklamebänder
nicht lesen
aber HEIMAT steht drauf
da bin ich sicher.

Friedrich Schlegel
1772–1829

ABENDRÖTE

Tiefer sinket schon die Sonne,
Und es atmet alles Ruhe,
Tages Arbeit ist vollendet,
Und die Kinder scherzen munter.
Grüner glänzt die grüne Erde,
Eh' die Sonne ganz versunken;
Milden Balsam hauchen leise
In die Lüfte nun die Blumen,
Der die Seele zart berühret,
Wenn die Sinne selig trunken.
Kleine Vögel, ferne Menschen,
Berge himmelan geschwungen,
Und der große Silberstrom,
Der im Tale schlank gewunden,
Alles scheint dem Dichter redend,
Denn er hat den Sinn gefunden;
Und das All ein einzig Chor,
Manches Lied aus einem Munde.

Justinus Kerner
1786–1862

IM GARTEN IM MONDLICHT

Im Garten im Mondlicht
Vernehm ich ein leises
Flüstern und Streiten.
Lilien und Rosen
Streiten, wer schöner
Von ihnen blühe;
Wenden die Häupter
Nach mir hin – ich gehe,
Der Mond sieht euch blühen,
Der soll's entscheiden!

Johann Wolfgang von Goethe
1749–1832

DIE SCHÖNE NACHT

Nun verlaß ich diese Hütte,
Meiner Liebsten Aufenthalt,
Wandle mit verhülltem Schritte
Durch den öden, finstern Wald.
Luna bricht durch Busch und Eichen,
Zephir meldet ihren Lauf,
Und die Birken streun mit Neigen
Ihr den süßen Weihrauch auf.

Wie ergötz ich mich im Kühlen
Dieser schönen Sommernacht!
O wie still ist hier zu fühlen,
Was die Seele glücklich macht!
Läßt sich kaum die Wonne fassen!
Und doch wollt ich, Himmel, dir
Tausend solcher Nächte lassen,
Gäb mein Mädchen Eine mir.

Theodor Storm
1817–1888

Die Nachtigall

Das macht, es hat die Nachtigall
Die ganze Nacht gesungen;
Da sind von ihrem süßen Schall,
Da sind in Hall und Widerhall
Die Rosen aufgesprungen.

Sie war doch sonst ein wildes Blut;
Nun geht sie tief in Sinnen,
Trägt in der Hand den Sommerhut
Und duldet still der Sonne Glut
Und weiß nicht, was beginnen.

Das macht, es hat die Nachtigall
Die ganze Nacht gesungen;
Da sind von ihrem süßen Schall,
Da sind in Hall und Widerhall
Die Rosen aufgesprungen.

Jürgen Nendza
* 1957

Zum Beispiel

Der Sommer schaltet einen Gang
höher und sieht sich jetzt ähnlich.
In Freibädern schwappt Jauchzen über
wäscht Kleingedrucktes aus

Gesichtern. Werden so verträglich. Zeigen
die Sonnenseite dem der nach Uhrzeit fragt
und was wir vergessen spielen Transistoren
uns evergreen vor. Durch Straßen

ziehen sich luftige Schritte aufgeheitert
zusammen. Vereinzelt treten Nachbarn
hervor behalten alles im Auge. Uns
treffen Freunde die sind für jeden Lauf

der Dinge gut versichert. Haben Koffer
schon vorausgeschickt wissen wie
von Sinnen zu berichten: daß mancherorts
die Vögel tatsächlich noch gefiedert seien.

Bertolt Brecht
1898–1956

VOM SCHWIMMEN IN SEEN UND FLÜSSEN

1

Im bleichen Sommer, wenn die Winde oben
Nur in dem Laub der großen Bäume sausen
Muß man in Flüssen liegen oder Teichen
Wie die Gewächse, worin Hechte hausen.
Der Leib wird leicht im Wasser. Wenn der Arm
Leicht aus dem Wasser in den Himmel fällt
Wiegt ihn der kleine Wind vergessen
Weil er ihn wohl für braunes Astwerk hält.

2

Der Himmel bietet mittags große Stille.
Man macht die Augen zu, wenn Schwalben kommen.
Der Schlamm ist warm. Wenn kühle Blasen quellen
Weiß man: ein Fisch ist jetzt durch uns geschwommen.
Mein Leib, die Schenkel und der stille Arm
Wir liegen still im Wasser, ganz geeint
Nur wenn die kühlen Fische durch uns schwimmen
Fühl ich, daß Sonne überm Tümpel scheint.

3

Wenn man am Abend von dem langen Liegen
Sehr faul wird, so, daß alle Glieder beißen
Muß man das alles, ohne Rücksicht, klatschend
In blaue Flüsse schmeißen, die sehr reißen.
Am besten ist's, man hält's bis Abend aus.
Weil dann der bleiche Haifischhimmel kommt
Bös und gefräßig über Fluß und Sträuchern
Und alle Dinge sind, wie's ihnen frommt.

4

Natürlich muß man auf dem Rücken liegen
So wie gewöhnlich. Und sich treiben lassen.
Man muß nicht schwimmen, nein, nur so tun, als
Gehöre man einfach zu Schottermassen.
Man soll den Himmel anschaun und so tun
Als ob einen ein Weib trägt, und es stimmt.
Ganz ohne großen Umtrieb, wie der liebe Gott tut
Wenn er am Abend noch in seinen Flüssen schwimmt.

Rainer Maria Rilke
1875–1926

STÄDTISCHE SOMMERNACHT

Unten macht sich aller Abend grauer,
und das ist schon Nacht, was da als lauer
Lappen sich um die Laternen hängt.
Aber höher, plötzlich ungenauer,

wird die leere leichte Feuermauer
eines Hinterhauses in die Schauer
einer Nacht hinaufgedrängt,
welche Vollmond hat und nichts als Mond.

Und dann gleitet oben eine Weite
weiter, welche heil ist und geschont,
und die Fenster an der ganzen Seite
werden weiß und unbewohnt.

Friedrich Schnack
1888–1977

Die Linde

Unter deinem mächtigen Gestühle
Überfällt mich ahnungsvolle Kühle,
Strömt mich an des Sommers Atemstoß,
Und ich spüre aus der Blätter Wehen
Fremden Lebens heimliches Geschehen,
Deine Seele groß.

Wie sie sich verzweigt im Baume,
Aufwärts steigt und wirkt im Raume,
Überwindend ihren Erdengrund:
Wie sie schauert, klingt und leuchtet,
Lichtgesalbt und regenangefeuchtet,
Mit dem Himmel schloß sie ihren Bund.

Wölbig wohnen, wunderbare Haube,
Licht und Finsternis in deinem Laube,
Nacht und Tag.
Wenn die Abendsterne blinken,
Wenn die Morgensterne sinken,
Grüßt sie deines Herzens Schlag.

Friedrich Gottlieb Klopstock
1724–1803

DIE SOMMERNACHT

Wenn der Schimmer von dem Monde nun herab
    In die Wälder sich ergießt, und Gerüche
        Mit den Düften von der Linde
            In den Kühlungen wehn;

So umschatten mich Gedanken an das Grab
    Der Geliebten, und ich seh in dem Walde
        Nur es dämmern, und es weht mir
            Von der Blüte nicht her.

Ich genoß einst, o ihr Toten, es mit euch!
    Wie umwehten uns der Duft und die Kühlung,
        wie verschönt warst von dem Monde,
            Du o schöne Natur!

Friedrich Hölderlin
1770–1843

Der Sommer

Die Tage gehn vorbei mit sanfter Lüfte Rauschen,
Wenn mit der Wolke sie der Felder Pracht vertauschen,
Des Tales Ende trifft der Berge Dämmerungen,
Dort, wo des Stromes Wellen sich hinabgeschlungen.

Der Wälder Schatten sind umhergebreitet,
Wo auch der Bach entfernt hinuntergleitet,
Und sichtbar ist der Ferne Bild in Stunden,
Wenn sich der Mensch zu diesem Sinn gefunden.

II

Rings Sonnenschein auf Wies' und Wegen

Zwischen Roggenfeld und Hecken
Führt ein schmaler Gang;
Süßes, seliges Verstecken,
Einen Sommer lang.

Detlev von Liliencron

Friedrich Schiller
1759–1805

Morgenphantasie

Frisch atmet des Morgens lebendiger Hauch,
    Purpurisch zuckt durch düstre Tannenritzen
Das junge Licht und äugelt aus dem Strauch,
        In goldnen Flammen blitzen
        Der Berge Wolkenspitzen,
Mit freudig melodisch gewirbeltem Lied
    Begrüßen erwachende Lerchen die Sonne,
    Die schon in lachender Wonne
Jugendlichschön in Auroras Umarmungen glüht.

        Sei, Licht, mir gesegnet!
        Dein Strahlenguß regnet
Erwärmend hernieder auf Anger und Au.
        Wie silberfarb flittern
        Die Wiesen, wie zittern
Tausend Sonnen in perlendem Tau!

        In säuselnder Kühle
        Beginnen die Spiele
            Der jungen Natur,
        Die Zephire kosen
        Und schmeicheln um Rosen,
Und Düfte beströmen die lachende Flur.

Wie hoch aus den Städten die Rauchwolken dampfen,
Laut wiehern und schnauben und knirschen und strampfen.
    Die Rosse, die Farren,
    Die Wagen erknarren
      Ins ächzende Tal.
    Die Waldungen leben
Und Adler und Falken und Habichte schweben,
Und wiegen die Flügel im blendenden Strahl.

    Den Frieden zu finden,
    Wohin soll ich wenden
      Am elenden Stab?
    Die lachende Erde
    Mit Jünglingsgebärde
      Für mich nur ein Grab!

Steig empor, o Morgenrot, und röte
    Mit purpurnem Kusse Hain und Feld,
Säusle nieder, Abendrot, und flöte
    Sanft in Schlummer die erstorbne Welt.

Morgen – ach! du rötest
Eine Totenflur,
Ach! und du, o Abendrot, umflötest
Meinen langen Schlummer nur.

Theodor Fontane
1819–1898

DER SOMMER

Entreiß dich dem Schlummer, entschlag dich der Sorgen
Ach, was du gelitten, es war nur erträumt,
Erklimme den Hügel, und schau, wie der Morgen
Den nächtigen Himmel mit Purpur umsäumt.
Die Sterne verblassen; – voll Andachtswonne
Spricht singend die Lerche das Morgengebet,
Die Schatten entfliehn vor dem Antlitz der Sonne,
Die rastlos ihren Triumphzug begeht.

O komm! bei glühender Mittagswärme
Gewährt eine Zuflucht der schattige Wald,
Drin Kuckucksruf und der Bienenschwärme
Einlullendes Summen die Lüfte durchhallt.
Und drüben unter den Birkenbäumen,
Wo über dem Kiesel die Quelle schäumt,
Dort magst du rasten und sinnen und träumen,
So herrlich wie je nur ein Dichter geträumt.

O komm! die Reize der Schöpfung zu schauen,
Wenn ruhig der Abend herniederschwebt,
Aus Licht und Dunkel für Wälder und Auen
Den Zauberschleier der Dämmrung webt;
Wenn blasser Sternenschimmer die Lüfte,
Der Glühwurm das Dunkel des Waldes erhellt,
Wenn Nachtviolen- und Geißblatt-Düfte,
Und zarte Sehnsucht erfüllen die Welt.

O komm! wenn über die Fluren breitet
Den rabenschwarzen Fittich die Nacht,
Des Menschen Seele zum Himmel gleitet,
Den »Hoffnung« zur Stätte der Seligen macht.
Komm, staun ob der Sterne goldnem Gefunkel,
Und sieh, wie der Vollmond am Himmel erscheint,
Und lausche, wenn drüben im Waldesdunkel,
Die Nachtigall Tränen in Liedern weint.

Joseph von Eichendorff
1788–1857

SEHNSUCHT

Es schienen so golden die Sterne,
Am Fenster ich einsam stand
Und hörte aus weiter Ferne
Ein Posthorn im stillen Land.
Das Herz mir im Leib entbrennte,
Da hab ich mir heimlich gedacht:
Ach wer da mitreisen könnte
In der prächtigen Sommernacht!

Zwei junge Gesellen gingen
Vorüber am Bergeshang,
Ich hörte im Wandern sie singen
Die stille Gegend entlang:
Von schwindelnden Felsenschlüften,
Wo die Wälder rauschen so sacht,
Von Quellen, die von den Klüften
Sich stürzen in die Waldesnacht.

Sie sangen von Marmorbildern,
Von Gärten, die überm Gestein
In dämmernden Lauben verwildern,
Palästen im Mondenschein,
Wo die Mädchen am Fenster lauschen,
Wann der Lauten Klang erwacht
Und die Brunnen verschlafen rauschen
In der prächtigen Sommernacht. –

Johann Wolfgang von Goethe
1749–1832

Die Freuden

Es flattert um die Quelle
Die wechselnde Libelle,
Mich freut sie lange schon;
Bald dunkel und bald helle,
Wie das Chamäleon,
Bald rot, bald blau,
Bald blau, bald grün.
O daß ich in der Nähe
Doch ihre Farben sähe!

Sie schwirrt und schwebet, rastet nie!
Doch still, sie setzt sich an die Weiden.
Da hab ich sie! Da hab ich sie!
Und nun betracht ich sie genau,
Und seh ein traurig dunkles Blau –

So geht es dir, Zergliedrer deiner Freuden!

Erich Kästner
1899–1974

DER JUNI

Die Zeit geht mit der Zeit: Sie fliegt.
Kaum schrieb man sechs Gedichte,
ist schon ein halbes Jahr herum
und fühlt sich als Geschichte.

Die Kirschen werden reif und rot,
die süßen wie die sauern.
Auf zartes Laub fällt Staub, fällt Staub,
so sehr wir es bedauern.

Aus Gras wird Heu. Aus Obst Kompott.
Aus Herrlichkeit wird Nahrung.
Aus manchem, was das Herz erfuhr,
wird, bestenfalls, Erfahrung.

Es wird und war. Es war und wird.
Aus Kälbern werden Rinder
und, weil's zur Jahreszeit gehört,
aus Küssen kleine Kinder.

Die Vögel füttern ihre Brut
und singen nur noch selten.
So ist's bestellt in unsrer Welt,
der besten aller Welten.

Spät tritt der Abend in den Park,
mit Sternen auf der Weste.
Glühwürmchen ziehn mit Lampions
zu einem Gartenfeste.

Dort wird getrunken und gelacht.
In vorgerückter Stunde
tanzt dann der Abend mit der Nacht
die kurze Ehrenrunde.

Am letzten Tische streiten sich
ein Heide und ein Frommer,
ob's Wunder oder keine gibt.
Und nächstens wird es Sommer.

Theodor Storm
1817—1888

Es ist so still; die Heide liegt
Im warmen Mittagssonnenstrahle,
Ein rosenroter Schimmer fliegt
Um ihre alten Gräbermale;
Die Kräuter blühn; der Heideduft
Steigt in die blaue Sommerluft.

Laufkäfer hasten durch's Gesträuch
In ihren goldnen Panzerröckchen,
Die Bienen hängen Zweig um Zweig
Sich an der Edelheide Glöckchen;
Die Vögel schwirren aus dem Kraut —
Die Luft ist voller Lerchenlaut.

Ein halbverfallen' niedrig' Haus
Steht einsam hier und sonnbeschienen;
Der Kätner lehnt zur Tür hinaus,
Behaglich blinzelnd nach den Bienen;
Sein Junge auf dem Stein davor
Schnitzt Pfeifen sich aus Kälberrohr.

Kaum zittert durch die Mittagsruh
Ein Schlag der Dorfuhr, der entfernten;
Dem Alten fällt die Wimper zu,
Er träumt von seinen Honigernten.
– Kein Klang der aufgeregten Zeit
Drang noch in diese Einsamkeit.

Theodor Fontane
1819–1898

MITTAG

Am Waldessaume träumt die Föhre,
Am Himmel weiße Wölkchen nur;
Es ist so still, daß ich sie *höre*,
Die tiefe Stille der Natur.

Rings Sonnenschein auf Wies' und Wegen,
Die Wipfel stumm, kein Lüftchen wach,
Und doch, es klingt, als ström ein Regen
Leis tönend auf das Blätterdach.

Friedrich Rückert
1788–1866

WO MITTAGSGLUTEN BRÜTEN

Wo Mittagsgluten brüten auf den Talen,
Und ohne Regung stehn des Berges Eichen,
Am Weg der Kirsche Wangen rot sich malen,
Und sanft am Abhang Sommersaaten bleichen;

Heb' ich mich hin zu meiner Liebe Reichen
Auf alten Pfaden aber-, abermalen,
Stets hoffend auch mit meiner Inbrunst Qualen
Mein Ziel als wie der Sommer zu erreichen.

Doch eh' ich auch nur eines Keimchens Schimmer
Entlocken kann, ist mir der Tag zerronnen,
Kalt geh' ich mit der kalten Nacht von hinnen

Und schwör's beim blassen Mond: Nun kehr' ich
                              nimmer!
Doch ach, schon morgen sehn die glüh'nden Sonnen
Den neuen Kreislauf glühend mich beginnen.

Detlev von Liliencron
1844–1909

EINEN SOMMER LANG

Zwischen Roggenfeld und Hecken
Führt ein schmaler Gang;
Süßes, seliges Verstecken,
Einen Sommer lang.

Wenn wir uns von ferne sehen,
Zögert sie den Schritt,
Rupft ein Hälmchen sich im Gehen,
Nimmt ein Blättchen mit.

Hat mit Ähren sich das Mieder
Unschuldig geschmückt,
Sich den Hut verlegen nieder
In die Stirn gerückt.

Finster kommt sie langsam näher,
Färbt sich rot wie Mohn;
Doch ich bin ein feiner Späher,
Kenn die Schelmin schon.

Noch ein Blick in Weg und Weite,
Ruhig liegt die Welt,
Und es hat an ihre Seite
Mich der Sturm gesellt.

Zwischen Roggenfeld und Hecken
Führt ein schmaler Gang;
Süßes, seliges Verstecken,
Einen Sommer lang.

Barthold Hinrich Brockes
1680–1747

DAS SCHÖNE WÜRMCHEN

Im kühlen Schatten dichter Blätter
Saß ich, bei einem schwülen Wetter,
Beschirmet vor der Sonnen Schein,
Bedeckt von einem grünen Himmel,
Entfernet von der Stadt Getümmel,
Und dacht auf GOtt und mich allein.

Wie nun an diesem stillen Ort,
Nach meiner Art, bald hier, bald dort
Die regen Blick', in grünen Tiefen
Der Blätter, hin und wieder liefen,
Und, durch so vielfachs Schatten-Grün,
Oft in die Dunkelheit versunken,
Erblickt ich einen bunten Funken,
Und sah ihn hell und feurig glühn,
Zumal ein kleiner Sonnenstrahl,
Durch eine Öffnung, auf ihn schien.
Ich stutzt ob seinem Glanz, und ging,
Ihn in der Nähe zu besehn,
Da ich in ihm ein wunderschön
Gefärbtes glänzend Würmchen fing.
Nie hatt ich noch ein herrlicher geschmückt'
Ein herrlicher gefärbtes Tier erblickt.

Der Hinterleib war rot. Ein wirklicher Rubin
Kann hell' und kräftiger nicht glühn,
Als der gefärbte Glanz, den ich in ihm erblickte,
Desselben obre Fläche schmückte.
Das Vorderteil legt, durch ein glänzend Blau,
Ein klein Sapphirchen uns zur Schau,
Das aber, wenn es sich zumal
Getroffen fand vom Sonnenstrahl,
Durch ein besonders schön und lieblich Farben-Spiel,
Zuweilen in ein Grün, fast als Smaragden, fiel,
Wie denn der Unterleib beständig grün,
Smaragden gleich, in hellem Glanze schien.
Von solchem grünen Glanz und Scheine
Sind ebenfalls desselben Beine.

Was man von Indiens bekanntem Vögelein,
Dem schönen Kolibri (der ja so schön als klein,
Der einer Fliege kaum an Größe gleich soll sein)
Und seinen hellen Farben schreibet,
Die man fast bis zum Glanz der Edelsteine treibet,
Und den, zum zierlichen Gepränge,
Das Frauenzimmer dort als Ohrgehänge

Vernünftig brauchen soll, gehöret fast hieher;
Da jenes Federn Pracht unmöglich mehr,
Als dieses Würmchen, glänzen kann.
Man schau es denn so obenhin nicht an,
Vergnüge das Gesicht
An seines Körpers buntem Licht.
Erwäge Dessen Wunder-Macht,
Der solcher Farben Glanz darin gesenkt,
Und welcher uns das Wunder unsrer Augen,
Wodurch wir das, was schön, zu sehen taugen,
Aus lauter Lieb, auf dieser Welt geschenkt.

Ludwig Uhland
1787–1862

SONNENWENDE

Nun die Sonne soll vollenden
Ihre längste, schönste Bahn,
Wie sie zögert, sich zu wenden
Nach dem Stillen Ozean!
Ihrer Göttin Jugendneige
Fühlt die ahnende Natur,
Und mir dünkt, bedeutsam schweige
Rings die abendliche Flur.

Nur die Wachtel, die sonst immer
Frühe schmälend weckt den Tag,
Schlägt dem überwachten Schimmer
Jetzt noch einen Weckeschlag;
Und die Lerche steigt im Singen
Hochauf aus dem duft'gen Tal,
Einen Blick noch zu erschwingen
In den schon versunknen Strahl.

Horst Bienek
1930–1990

GARTENFEST

Spät in der Nacht
wenn die Kerzen
in den Lampions abgebrannt sind
wenn die aufgehängten Gesichter
im Dunkel verschwinden
die Musiker mit dem Bus weggefahren sind
die Kellner die Tische abräumen
und die leeren Worthülsen zusammenkehren
wenn die letzten Grillfeuer erlöschen

Stürzen lautlos gefällt
im Park die Bäume
Schatten füllt die Gläser
der Zurückgebliebenen
Wir trinken daraus
Gelächter steigt in uns auf
wir gehn ein paar Schritte
wir tanzen

Verwundert schaun die Lebenden uns zu

Johann Peter Uz
1720–1796

DER WEISE AUF DEM LANDE

Ihr Wälder, ihr belaubte Gänge!
Und du, Gefilde! stille Flur!
Zu euch entflieh ich vom Gedränge,
O Schauplatz prächtiger Natur!
Wo ich zu lauter Lust erwache;
Und, auf beglückter Weisen Spur,
Im Schoße sichrer Ruhe lache.

Ich fühl, o Freund, mich neu geboren
Und fange nun zu leben an,
Seit, fern vom Trotze reicher Toren,
Ich hier in Freiheit atmen kann.
Hier kann ich ohne Mißgunst leben,
Wenn manchen ungerechten Mann
Die Fittige des Glückes heben.

Wer will, mag stolz nach Würden trachten.
Ich sehe, mit zufriednem Sinn,
Sie unter ehrnem Joche schmachten,
Verliebt in mühsamen Gewinn.
Sie drängen sich durch List und Gaben
An ihre Ruderbänke hin,
Dieweil sie Sklavenseelen haben.

Den leichten Rauch der falschen Ehre
Erkauf ich nicht mit wahrem Weh.
Mein Geist sei, nach der Weisheit Lehre,
So stille, wie die Sommersee:
So ruhig im Genuß der Freuden,
Als dort, im bunt beblümten Klee,
Die unschuldvollen Lämmer weiden.

Sieh hin, wie über grüne Hügel
Der Tag, bekränzt mit Rosen, naht!
Ihn kühlen Zephyrs linde Flügel,
Der jüngst das Frühlingsfeld betrat.
Nun taumelt Flora durch die Triften:
Nun schwingt sich aus betauter Saat
Die Lerche schwirrend nach den Lüften.

Dort, wo im Schatten schlanker Buchen
Die Quelle zwischen Blumen schwätzt;
Seh ich die Muse mich besuchen,
Wo tiefe Stille sie ergetzt.
Da singt sie kühn in ihre Saiten,
Indes, vom Morgentau benetzt,
Die Haare flatternd sich verbreiten.

Oft sitzt sie unter frischen Rosen
Und bläst ihr süßes Hirtenrohr;
Und Amor kommt, ihr liebzukosen,
Und jeder Ton entzückt sein Ohr.
Auch er versucht, wies ihm gelinget:
Ein schwaches Murmeln quillt hervor,
Das ungeübte Hand erzwinget.

Geht hin, die ihr nach Golde schnaubet!
Sucht Freude, die mein Herz verschmäht!
Betrügt, verratet, schindet, raubet
Und erntet, was die Witwe sät!
Damit, wenn ihr in Gold und Seide
Euch unter klugen Armen bläht,
Der dumme Pöbel euch beneide.

Dem Reichtum, bleicher Sorgen Kinde,
Schleicht stets die bleiche Sorge nach;
Sie stürmt, wie ungestüme Winde,
In euer innerstes Gemach.
Der sanfte Schlaf verschmäht Paläste,
Und schwebet um den kühlen Bach
Und liebt das Lispeln junger Weste.

Mir gnüget ein zufriednes Herze
Und was ich hab und haben muß,
Und, kann es sein, bei freiem Scherze,
Ein kluger Freund und reiner Kuß:
Dies kleine Feld und diese Schafe,
Wo, frei von Unruh und Verdruß,
Ich singe, scherze, küsse, schlafe.

Karl Krolow
1915–1999

MAHLZEIT UNTER BÄUMEN

Sitzen im gefleckten Schatten.
Luft kommt lau wie Milch gestrichen.
Kreis hat zaubrisch sich gezogen,
Und die Hitze ist gewichen.

Sicheln, die wie Nattern zischten,
Klirrten am erschrocknen Steine.
Grüne Glut drang aus der Wiese.
Distel biß am bloßen Beine.

Durch die Feuer der Kamille
Flohen wir auf blanker Sohle
Heuumwirbelt, in die Kühle
Von Lavendel und Viole.

Stille summt im Käferflügel.
Ruhn, vom Ahorn schwarz umgittert.
Auge schmerzt vom Staub der Kräuter,
Der im lauten Lichte zittert.

Und wir schneiden Brot und Käse.
Weißer Wein läuft uns am Kinne.
Des gelösten Geists der Pflaume,
Werden wir im Fleische inne.

Hände wandern überm Korbe.
Fester Mund, er ward verhießen.
Weiche Glieder, braun geschaffen,
Im bewegten Laube fließen.

Hilde Domin
1909–2006

Die Luft ein Archipel
von Duftinseln.
Schwaden von Lindenblüten
und sonnigem Heu,
süß vertraut,
stehen und warten auf mich
als umhüllten mich Tücher,
von lange her
aus sanftem Zuhaus
von der Mutter gewoben.

Ich bin wie im Traum
und kann den Windgeschenken
kaum glauben.
Wolken von Zärtlichkeit
fangen mich ein,
und das Glück beißt
seinen kleinen Zahn
in mein Herz.

Gustav Schwab
1792–1850

HEUERNTE

Heuernte, schönste Zeit im Jahr,
Der Wald längst grün und doch noch klar,
Die Blumen ganz im Blühn,
Die Saat noch hoffnungsgrün.

Grün hängt die Frucht im dichten Baum,
Halb ausgebildet, halb noch Traum;
Still steht des Lebens Flucht
Noch zwischen Blüt' und Frucht.

Nur erntereif das flücht'ge Gras,
Und frisch und duftig selber das.
Wohl, wenn's ans Welken geht,
Dem, der so süß verweht!

Die Luft noch nicht zu wild durchschwirrt,
Nur hier und dort ein Käfer irrt;
Im Grillchen kichert nur,
Im Vogel jauchzt Natur.

Vorüber schwebt ein geist'ger Duft,
Ein Äther durch den Dampf der Luft!
Ist's Engelsatem? Nein!
Es ist der blüh'nde Wein!

O Mensch, genieße dieser Zeit,
Und atme sie, wie Ewigkeit;
Leg dich am Quell ins Heu,
Erbau dein Traumgebäu!

Geschwind, eh' dich ein Tropfen weckt,
Eh' dich ein Blitz, ein Donner schreckt,
Denn auch der Wonne Born
Wallt plötzlich auf in Zorn.

Dann sät sein Korn der Hagel aus,
Der Sturm bricht Äste sich zum Strauß,
Der Bach zerreißt das Land –
Frucht, Blüte, Gras verschwand.

Matthias Claudius
1740–1815

ABENDLIED EINES BAUERMANNS

Das schöne, große Taggestirne
Vollendet seinen Lauf.
Komm, wisch den Schweiß mir von der Stirne,
Lieb Weib, und dann tisch auf!

Kannst hier nur auf der Erde decken,
Hier unterm Apfelbaum!
Da pflegt es abends gut zu schmecken
Und ist am besten Raum.

[…]

Und rufe flugs die kleinen Gäste;
Denn hör, mich hungert's sehr!
Bring auch den Kleinsten aus dem Neste,
Wenn er nicht schläft, mit her!

Es leuchtet uns bei unserm Mahle
Der Mond so silberrein
Und guckt von oben in die Schale
Und tut den Segen drein.

Nun, Kinder, esset, eßt mit Freuden,
Und Gott gesegn' es euch!
Sieh, Mond, ich bin wohl zu beneiden,
Bin arm und bin doch reich!

Heinrich Heine
1797–1856

DIE HEIMKEHR

Dämmernd liegt der Sommerabend
Über Wald und grünen Wiesen;
Goldner Mond, am blauen Himmel,
Strahlt herunter, duftig labend.

An dem Bache zirpt die Grille,
Und es regt sich in dem Wasser,
Und der Wandrer hört ein Plätschern,
Und ein Atmen in der Stille.

Dorten, an dem Bach alleine,
Badet sich die schöne Elfe;
Arm und Nacken, weiß und lieblich,
Schimmern in dem Mondenscheine.

Joseph von Eichendorff
1788–1857

MONDNACHT

Es war, als hätt der Himmel
Die Erde still geküßt,
Daß sie im Blütenschimmer
Von ihm nun träumen müßt.

Die Luft ging durch die Felder,
Die Ähren wogten sacht,
Es rauschten leis die Wälder,
So sternklar war die Nacht.

Und meine Seele spannte
Weit ihre Flügel aus,
Flog durch die stillen Lande,
Als flöge sie nach Haus.

III

Duft und Wind und Lerchenlieder

Wenn schon alle Vögel schweigen
In des Sommers schwülem Drang,
Sieht man, Lerche, dich noch steigen
Himmelwärts mit frischem Klang.

Joseph von Eichendorff

Theodor Fontane
1819–1898

GUTER RAT

An einem Sommermorgen
    Da nimm den Wanderstab,
Es fallen deine Sorgen
    Wie Nebel von dir ab.

Des Himmels heitere Bläue
    Lacht dir ins Herz hinein
Und schließt, wie Gottes Treue,
    Mit seinem Dach dich ein.

Rings Blüten nur und Triebe
    Und Halme von Segen schwer,
Dir ist, als zöge die Liebe
    Des Weges nebenher.

So heimisch alles klinget
    Als wie im Vaterhaus,
Und über die Lerchen schwinget
    Die Seele sich hinaus.

Joachim Ringelnatz
1883–1934

SOMMERFRISCHE

Zupf dir ein Wölkchen aus dem Wolkenweiß,
Das durch den sonnigen Himmel schreitet.
Und schmücke den Hut, der dich begleitet,
Mit einem grünen Reis.

Verstecke dich faul in die Fülle der Gräser.
Weil's wohltut, weil's frommt.
Und bist du ein Mundharmonikabläser
Und hast eine bei dir, dann spiel, was dir kommt.

Und laß deine Melodien lenken
Von dem freigegebenen Wolkengezupf.
Vergiß dich. Es soll dein Denken
Nicht weiter reichen als ein Grashüpferhupf.

Wilhelm Weigand
1862–1949

SOMMERGLÜCK

Meines vollsten Sommers Glück:
Ringsum gelbe Erntefelder,
Stiller Welt ein stilles Stück,
Himmelsblau und ferne Wälder.

Täglich gehn wir still und stumm
Gleiche Erntewege wieder.
Schimmernd Schweigen um und um,
Duft und Wind und Lerchenlieder.

Gustav Falke
1853–1916

DER RECHTE ORT

Es ist ein stiller Pfad
Entlang an Klee und Korn,
Wo Furchen grub das schwere Rad;
Gaisblatt wuchert am Rand und Dorn.

Rings Farben, juliwarm,
Und reifer Roggenduft;
Ein tanzender Mückenschwarm
Und Schwalben in zitternder Luft.

Und um die glühe Mittagszeit
Ein Bett im Heckenkraut,
Und weit
Kein Menschenlaut.

Otto Julius Bierbaum
1865–1910

Glaube nur

Wenn im Sommer der rote Mohn
Wieder glüht im gelben Korn,
Wenn des Finken süßer Ton
Wieder lockt im Hagedorn,
Wenn es wieder weit und breit
Feierklar und fruchtstill ist,
Dann erfüllt sich uns die Zeit,
Die mit vollen Maßen mißt,
Dann verebbt, was uns bedroht,
Dann verweht, was uns bedrückt,
Über dem Schlangenkopf der Not
Ist das Sonnenschwert gezückt.
Glaube nur! Es wird geschehn!
Wende nicht den Blick zurück!
Wenn die Sommerwinde wehn,
Werden wir in Rosen gehn,
Und die Sonne lacht uns Glück

Eduard Mörike
1804–1875

AUF EINER WANDERUNG

In ein freundliches Städtchen tret ich ein,
In den Straßen liegt roter Abendschein.
Aus einem offnen Fenster eben,
Über den reichsten Blumenflor
Hinweg, hört man Goldglockentöne schweben,
Und *eine* Stimme scheint ein Nachtigallenchor,
Daß die Blüten beben,
Daß die Lüfte leben,
Daß in höherem Rot die Rosen leuchten vor.

Lang hielt ich staunend, lustbeklommen.
Wie ich hinaus vors Tor gekommen,
Ich weiß es wahrlich selber nicht.
Ach hier, wie liegt die Welt so licht!
Der Himmel wogt in purpurnem Gewühle,
Rückwärts die Stadt in goldnem Rauch;
Wie rauscht der Erlenbach, wie rauscht im Grund die
                              Mühle!
Ich bin wie trunken, irrgeführt –
O Muse, du hast mein Herz berührt
Mit einem Liebeshauch!

Joseph von Eichendorff
1788–1857

Trost

   Wenn schon alle Vögel schweigen
In des Sommers schwülem Drang,
Sieht man, Lerche, dich noch steigen
Himmelwärts mit frischem Klang.

   Wenn die Bäume all' verzagen
Und die Farben rings verglühn,
Tannbaum! deine Kronen ragen
Aus der Öde ewiggrün.

   Darum halt nur fest die Treue!
Wird die Welt auch alt und bang:
Brich den Frühling an aufs neue,
Wunder tut ein rechter Klang!

Martin Greif
1839–1911

VOR DER ERNTE

Nun rühret die Ähren im Felde
Ein leiser Hauch.
Wenn eine sich beugt, so bebet
Die andere auch.

Es ist, als ahnten sie alle
Der Sichel Schnitt –
Die Blumen und fremden Halme
Erzittern mit.

Ferdinand Avenarius
1856–1923

KORNRAUSCHEN

Bist du wohl im Kornfeld schon gegangen,
Wenn die vollen Ähren überhangen,
Durch die schmale Gasse dann inmitten
Schlanker Flüsterhalme hingeschritten?
Zwang dich nicht das heimelige Rauschen,
Stehn zu bleiben und darein zu lauschen?
Rauscht es nicht von fernem Sichelklang?
Sang es drinnen nicht von Schnittersang?
Hörtest nicht den Wind auf fernen Höhn
Lustig sausend du die Flügel drehn?
Hörtest nicht die Wasser aus den kühlen
Tälern singen du von Rädermühlen?
Nun im Korn sich Traum mit Traum verwebt,
Leise nun verhallt's da und verschwebt
In ein fein Gesumm von Orgelklingen,
Drein ihr Danklied die Gemeinden singen.

Rückt die Sonne rot der Erde zu,
Wird im Korne immer tiefre Ruh,
Und der liebe Wind hat's eingewiegt,
Wenn die Mondnacht schimmernd drüber liegt.
Wie von warmem Brot ein lauer Duft
Zieht mit würz'gen Wellen durch die Luft.

Theodor Storm
1817—1888

JULI

Klingt im Wind ein Wiegenlied,
Sonne warm herniedersieht,
Seine Ähren senkt das Korn,
Rote Beere schwillt am Dorn,
Schwer von Segen ist die Flur –
Junge Frau, was sinnst du nur?

Joseph von Eichendorff
1788–1857

MORGENLIED

   Sei stark, getreues Herze!
Laß ab von Angst und Schmerze!
Steh auf und geh mit mir,
Viel Freude zeig ich dir.

   Die Lerchen jubilieren,
Und fröhlich musizieren
Aus grünem frischem Wald,
Von Stimmlein mannigfalt.

   Geschmückt mit Edelsteinen
Die Erd in bunten Scheinen
Als junge fromme Braut
Dir froh ins Herze schaut.

   Im Garten zu spazieren
Die Blumen mich verführen,
Die Augen aus dem Grün,
Das Quellen und das Blühn.

Maria, schöne Rose!
Wie stünd ich freudenlose,
Hätt ich nicht dich ersehn
Vor allen Blumen schön.

Nun laß den Sommer gehen,
Laß kommen Wind' und Schneen;
Bleibt diese Rose mein,
Wie könnt ich traurig sein?

Wilhelm Busch
1832–1908

IM SOMMER

In Sommerbäder
Reist jetzt ein jeder
Und lebt famos.
Der arme Dokter,
Zu Hause hockt er
Patientenlos.

Von Winterszenen,
Von schrecklich schönen,
Träumt sein Gemüt,
Wenn, Dank der Götter,
Bei Hundewetter
Sein Weizen blüht.

Ludwig Jacobowski
1868–1900

SOMMERVORMITTAG

Tiefrote Heckenrosen neigen
Verschlafen sich im Sonnenschein,
Aus überfüllten Kelchen steigen
Die Düfte in den Glanz hinein.

Aus vollen Brombeersträuchern fliegen
Die Stare schwatzend durch die Ruh,
Kaum daß sich ein paar Blätter wiegen
Und ein paar Blüten ab und zu.

Der Sommer wandelt durch die Lande
Und segnet unsre liebe Flur.
In blauer Luft, in braunem Sande
Liegt leuchtend seine goldne Spur.

Georg Britting
1891–1964

DIE SONNENBLUME

Über den Gartenzaun schob sie
Ihr gelbes Löwenhaupt,
Zwischen den Bohnen erhob sie
Sich, gold und gelb überstaubt.

Die Sonne kreist im Blauen
Nicht größer, als ihr gelbes Rad
Zwischen den grünen Stauden,
Den Bohnen und jungem Salat.

Hermann Hesse
1877–1962

JULIKINDER

Wir Kinder im Juli geboren
Lieben den Duft des weißen Jasmin,
Wir wandern an blühenden Gärten hin
Still und in schwere Träume verloren.

Unser Bruder ist der scharlachene Mohn,
Der brennt in flackernden roten Schauern
Im Ährenfeld und auf den heißen Mauern,
Dann treibt seine Blätter der Wind davon.

Wie eine Julinacht will unser Leben
Traumbeladen seinen Reigen vollenden,
Träumen und heißen Erntefesten ergeben,
Kränze von Ähren und rotem Mohn in den Händen.

Ludwig Fels
* 1946

FLUCHTWEG

Einen Sommer lang gehn
durch Heide und über Gebirg
sich vom Wegrand ernähren
segeln durch wogendes Getreide
immer den Vögeln nach und den Sonnen
bevor sie ausgerottet sind.
Man muß erfahren haben
welche Welt vergeht.

Conrad Ferdinand Meyer
1825–1898

SCHWÜLE

Trüb verglomm der schwüle Sommertag,
Dumpf und traurig tönt mein Ruderschlag –
Sterne, Sterne – Abend ist es ja –
Sterne, warum seid ihr noch nicht da?

Bleich das Leben! Bleich der Felsenhang!
Schilf, was flüsterst du so frech und bang?
Fern der Himmel und die Tiefe nah –
Sterne, warum seid ihr noch nicht da?

Eine liebe, liebe Stimme ruft
Mich beständig aus der Wassergruft –
Weg, Gespenst, das oft ich winken sah!
Sterne, Sterne, seid ihr nicht mehr da?

Endlich, endlich durch das Dunkel bricht –
Es war Zeit! – ein schwaches Flimmerlicht –
Denn ich wußte nicht wie mir geschah.
Sterne, Sterne, bleibt mir immer nah!

Stefan George
1868–1933

Blumen des sommers duftet ihr noch so reich:
Ackerwinde im herben saatgeruch
Du ziehst mich nach dem dorrenden geländer
Mir ward der stolzen gärten sesam fremd.

Aus dem vergessen lockst du träume: das kind
Auf keuscher scholle rastend des ährengefilds
In ernte-gluten neben nackten schnittern
Bei blanker sichel und versiegtem krug.

Schläfrig schaukelten wespen im mittagslied
Und ihm träufelten auf die gerötete stirn
Durch schwachen schutz der halme-schatten
Des mohnes blätter: breite tropfen blut.

Nichts was mir je war raubt die vergänglichkeit.
Schmachtend wie damals lieg ich in schmachtender flur
Aus mattem munde murmelt es: wie bin ich
Der blumen müd – der schönen blumen müd!

Georg Trakl
1887–1914

SOMMER

Am Abend schweigt die Klage
Des Kuckucks im Wald.
Tiefer neigt sich das Korn,
Der rote Mohn.

Schwarzes Gewitter droht
Über dem Hügel.
Das alte Lied der Grille
Erstirbt im Feld.

Nimmer regt sich das Laub
Der Kastanie.
Auf der Wendeltreppe
Rauscht dein Kleid.

Stille leuchtet die Kerze
Im dunklen Zimmer;
Eine silberne Hand
Löschte sie aus;

Windstille, sternlose Nacht.

IV

SOMMERSNEIGE

Wenn jetzt die Sonne heiß am Himmel stehet;
Es dampft die Flur im reichen Blumenduft;
Vom warmen Wind, der durch die Lüfte wehet,
Ein wogend Wallen über Felder gehet,
Zum Widerklange blauer Himmelsluft:
Es wehen Glöckchen blau von allen Hügeln;
Der Himmel will sich in des Kornes Blume spiegeln.

Philipp Otto Runge

Hermann Hesse
1877–1962

DER DUFT DER ROSE

Der Duft der Rose
nimmt dich in einen süßen Bann,
rührt dich liebkosend leise
wie eine Liederweise
mit Ahnung voller Schönheit an,
ist ohne Gleichnis rein und zart:
du kannst es nicht ermessen,
fühlst nur ein süß Vergessen
und eine süße Gegenwart.

Otto Erich Hartleben
1864–1905

In stiller Sommerluft

Das grüne Gold der Blätter, das die Sonne malt –
Ich seh es noch, wie's dir vom weißen Kleide blitzt,
Und fühle deine Hände noch auf meinem Haar …
Die wilden Blumen dufteten so stark und süß.

Was sprachst du doch? – Ich höre deine Stimme nicht.
Vergebens sinn ich ihrem fernen Klange nach.
Ich bin allein – in meine offnen Hände fällt
Das grüne Gold der Blätter, das die Sonne malt.

Sarah Kirsch
* 1935

Im Sommer

Dünnbesiedelt das Land.
Trotz riesigen Feldern und Maschinen
Liegen die Dörfer schläfrig
In Buchsbaumgärten; die Katzen
Trifft selten ein Steinwurf.

Im August fallen Sterne.
Im September bläst man die Jagd an.
Noch fliegt die Graugans, spaziert der Storch
Durch unvergiftete Wiesen. Ach, die Wolken
Wie Berge fliegen sie über die Wälder.

Wenn man hier keine Zeitung hält
Ist die Welt in Ordnung.
In Pflaumenmuskesseln
Spiegelt sich schön das eigne Gesicht und
Feuerrot leuchten die Felder.

Peter Huchel
1903–1981

SOMMER

O Nüstern des Staubs!
Feuerschlund August,
Teiche schlürfend!

Die schartige Sense
des Winds
glüht im Rohr.

Im knisternden Schatten
brütender Garben
hockt der Sommer,
den nackten Fuß
von Stoppeln rissig.

Dich will ich rühmen,
Erde,
noch unter dem Stein,
dem Schweigen der Welt
ohne Schlaf und Dauer.

Karl Henckell
1864–1929

Es wetterleuchtet durch die Nacht,
Die Donner, sie rollen von ferne,
Die Wolken stürmen zur wilden Schlacht,
Und ängstlich verlöschen die Sterne.
Es jagt und wettert und kracht und braust,
Wie wenn in Lüften der Böse haust –
Was schmiegst du dich an mich mit Zittern?
He, holla! Mich freut das Gewittern.

Kennst du das Leben, mein liebes Kind?
Ach nein, du tändelst in Träumen.
Oft stürmt durch das Leben der Wirbelwind
Und reißt an den knorrigsten Bäumen.
Unter Donner und Blitzen, in stürmischer Nacht
Schlägt der Mensch mit dem Schicksal die lustige Schlacht.
Was schmiegst du dich an mich mit Zittern?
He, holla! Mich freut das Gewittern.

Wie brannte die Sonne so heiß und so dumpf!
Die Bäume, sie rangen nach Odem;
Nun flutet es feucht, und der dürrste Stumpf
Saugt ein den köstlichen Brodem.

Wenn träge die Sonne das Leben verbrennt,
Willkommen dann, schlagendes Element!
Lass ab von Zagen und Zittern,
He, holla! Mich freut das Gewittern.

Marie Luise Kaschnitz
1901–1974

HOCHSOMMER

Im Erntemonde, wenn die Halme bleichen
Verstummt der Vögel Sang. Die Erde ruht.
Es wächst die grüne Decke auf den Teichen,
Erstickt die Flut.

Der Brunnenschale Wasser geht zur Neige,
Der Efeu streckt die kleine Totenhand
Im Garten schlingen Ranken sich und Zweige
Zu finstrer Wand.

Die roten Beeren schimmern aus dem Laube
Es tritt der Fremde in den Garten ein
Zerpreßt die leuchtende Johannistraube
Wie Blut und Wein.

Es dämmert in der Schluchten matter Wärme
Auf faulem Teich ein Regenbogenglanz,
Bei Schilf und Lattich heben Fliegenschwärme
Sich hoch im Tanz.

Die Zeit ist kurz. Die Liebenden umgreifen
Sich jäh in wilden Ängsten, dumpf und blind.
Nah ist der Herbst. Die Frucht will reifen, reifen,
Es ruht der Wind.

Gottfried Keller
1819–1890

SOMMERNACHT

Es wallt das Korn weit in die Runde
Und wie ein Meer dehnt es sich aus;
Doch liegt auf seinem stillen Grunde
Nicht Seegewürm, noch andrer Graus:
Da träumen Blumen nur von Kränzen
Und trinken der Gestirne Schein.
O goldnes Meer, dein friedlich Glänzen
Saugt meine Seele gierig ein!

In meiner Heimat grünen Talen,
Da herrscht ein alter schöner Brauch;
Wann hell die Sommersterne strahlen,
Der Glühwurm schimmert durch den Strauch:
Dann geht ein Flüstern und ein Winken,
Das sich dem Ährenfelde naht,
Da geht ein nächtlich Silberblinken
Von Sicheln durch die goldne Saat.

Das sind die Bursche, jung und wacker,
Die sammeln sich im Feld zu Hauf
Und suchen den gereiften Acker
Der Witwe oder Waise auf,

Die keines Vaters, keiner Brüder
Und keines Knechtes Hilfe weiß –
Ihr schneiden sie den Segen nieder,
Die reinste Lust ziert ihren Fleiß.

Schon sind die Garben fest gebunden
Und schön in einen Kranz gebracht;
Wie lieblich flohn die stillen Stunden,
Es war ein Spiel in kühler Nacht!
Nun wird geschwärmt und hell gesungen
Im Garbenkreis, bis Morgenduft
Die nimmermüden, braunen Jungen
Zur eignen schweren Arbeit ruft.

Ludwig Christoph Heinrich Hölty
1748–1776

ERNTELIED

Sicheln schallen,
Ähren fallen
Unter Sichelschall;
Auf den Mädchenhüten
Zittern blaue Blüten,
Wonn ist überall.

Sicheln klingen,
Mädchen singen
Unter Sichelklang,
Bis das Mondlicht schimmert,
Auf den Stoppeln flimmert,
Frohen Erntesang.

Alles springet,
Alles singet,
Was nur lallen kann.
Bei dem Erntemahle
Ißt aus einer Schale
Knecht und Bauersmann.

Hans und Michel
Schärft die Sichel,
Pfeift ein Lied dazu.
Mähet; dann beginnen
Schnell die Binderinnen,
Binden sonder Ruh.

Jeder scherzet,
Jeder herzet
Dann sein Liebelein.
Nach geleerten Kannen,
Gehen sie von dannen,
Singen und juchhein!

Julius Sturm
1816–1896

Erntefestlied

Wagen auf Wagen schwankte herein,
Scheune und Böden wurden zu klein:
Danket dem Herrn und preist seine Macht,
Glücklich ist wieder die Ernte vollbracht.

Hoch auf der Fichte flattert der Kranz,
Geigen und Brummbaß laden zum Tanz;
Leicht wird das Leben, trotz Mühe und Plag,
Krönet die Arbeit ein festlicher Tag.

Seht ihr der Kinder fröhliche Schar,
Blühende Wangen, goldlockiges Haar?
Hört ihr sie jubeln? O liebliches Los,
Fällt ihnen reif doch die Frucht in den Schoß!

Wir aber furchen, den Pflug in der Hand,
Morgen aufs neue geschäftig das Land;
Ewig ja reiht nach des Ewigen Rat
Saat sich an Ernte und Ernte an Saat.

Gottfried Kölwel
1889–1958

NACH DER ERNTE

Die Sichel ging im Feld umher,
voll Hunger fuhr der Wagen nach
und fraß die Furchen alle leer,
gemästet schwankt er unters Dach.

Ein Mohn nur steht im Felde noch,
den hat die Sichel nicht geköpft,
der Brüder jähes Sterben doch
hat ihn erschauert und erschöpft.

Er senkt den Kopf zur Erde hin,
und ohne daß er lange sinnt,
streut er sein rotes Leben in
den letzten leeren Sommerwind.

Erich Kästner
1899–1974

DER AUGUST

Nun hebt das Jahr die Sense hoch
und mäht die Sommertage wie ein Bauer.
Wer sät, muß mähen.
Und wer mäht, muß säen.
Nichts bleibt, mein Herz. Und alles ist von Dauer.

Stockrosen stehen hinterm Zaun
in ihren alten, brüchigseidnen Trachten.
Die Sonnenblumen, üppig, blond und braun,
mit Schleiern vorm Gesicht, schaun aus wie Frau'n,
die eine Reise in die Hauptstadt machten.

Wann reisten sie? Bei Tage kaum.
Stets leuchteten sie golden am Stakete.
Wann reisten sie? Vielleicht im Traum?
Nachts, als der Duft vom Lindenbaum
an ihnen abschiedssüß vorüberwehte?

In Büchern liest man groß und breit,
selbst das Unendliche sei nicht unendlich.
Man dreht und wendet Raum und Zeit.
Man ist gescheiter als gescheit, –
das Unverständliche bleibt unverständlich.

Ein Erntewagen schwankt durchs Feld.
Im Garten riecht's nach Minze und Kamille.
Man sieht die Hitze. Und man hört die Stille.
Wie klein ist heut die ganze Welt!
Wie groß und grenzenlos ist die Idylle …

Nichts bleibt, mein Herz. Bald sagt der Tag Gutnacht.
Sternschnuppen fallen dann, silbern und sacht,
ins Irgendwo, wie Tränen ohne Trauer.
Dann wünsche deinen Wunsch, doch gib gut acht!
Nichts bleibt, mein Herz. Und alles ist von Dauer.

Christine Lavant
1915–1973

Im Geruch der frühen Früchte

Im Geruch der frühen Früchte
und schon leicht entlaubt
bangt der Obstwald, Vogelflüchte
kreisen um sein Haupt.
Drüber wird der Himmel fahler
und ein ungewöhnlich schmaler
Mond begibt sich zart
in den kleinen Sternenanger.
Südwind rüstet sich zu langer
wilder Himmelfahrt.
Nordostwolken drohen düster,
in dem welken Schilfgeflüster
duckt sich Furcht und Hohn
und im Weidenlaub die Meise.
Alles geht im Schwermutkreise,
nur ein Glockenton
preist die Flucht der Jahreszeiten
als des Schöpfers Maß
und die frühen Früchte gleiten
glücklich in das Gras.

Justinus Kerner
1786–1862

Lob des Flachses

Wohl hat Sommer sich zum Kranze
Manche Blüte zart gewoben;
Aber, Flachs, dich mildste Pflanze
Muß ich doch vor allen loben.

Blauen Himmel ausgestreuet
Hast du über dunkle Auen,
Deine milde Schönheit freuet
Die gleich zart geschaffnen Frauen.

Weiches Grün den Stengel zieret,
Blüte trägt des Himmels Helle,
Leis vom Westhauch angerühret
Wogt sie sanft in bunter Welle.

Ist die Blüte dir entfallen,
Zieht man dich aus dunkler Erden,
Darfst nicht mehr im Westhauch wallen,
Mußt durch Feu'r zu Silber werden.

Und die Hand geschäft'ger Frauen
Rührt dich unter muntern Scherzen,
Klar wie Mondschein anzuschauen,
Bist du teuer ihrem Herzen.

In dem blanken Mädchenzimmer,
Leis berührt von zartem Munde,
Schön verklärt von Sternenschimmer,
Wird dir manche liebe Stunde.

Nächtlich in des Landmanns Hütte,
Wo ein flammend Holz die Kerze,
In viel muntrer Mägdlein Mitte
Bist du bei Gesang und Scherze.

Draußen brausen Sturm, Gespenster;
Wandrer wird der Sorg' entladen,
Sieht er hinter hellem Fenster
Heimisch deinen goldnen Faden.

Zarten Leib in dich gekleidet
Tritt das Mägdlein zum Altare;
Liegst, ein segnend Kreuz, gebreitet
Schimmernd über dunkler Bahre.

Bist des Säuglings erste Hülle,
Spielest lind um seine Glieder;
Bleich in dich gehüllt und stille
Kehrt der Mensch zur Erde wieder.

Wilhelm Lehmann
1882–1968

Mach mich schön, spricht Sommertag.
Ehe ich verscheide,
Streue als den letzten Putz
Rose ihre Seide.

Meines Leichenhemdes Naht
Nähe dünner Faden.
Seidenraupe müßtest du
Ihn zu spinnen laden.

Lösen mich die Lüfte auf,
Soll es niemand klagen,
Unbekannten Dichter laß
Ein paar Verse sagen.

Ingeborg Bachmann
1926–1973

DIE GROSSE FRACHT

Die große Fracht des Sommers ist verladen,
das Sonnenschiff im Hafen liegt bereit,
wenn hinter dir die Möwe stürzt und schreit.
Die große Fracht des Sommers ist verladen.

Das Sonnenschiff im Hafen liegt bereit,
und auf die Lippen der Galionsfiguren
tritt unverhüllt das Lächeln der Lemuren.
Das Sonnenschiff im Hafen liegt bereit.

Wenn hinter dir die Möwe stürzt und schreit,
kommt aus dem Westen der Befehl zu sinken;
doch offnen Augs wirst du im Licht ertrinken,
wenn hinter dir die Möwe stürzt und schreit.

Christian Morgenstern
1871–1914

STILLES REIFEN

Alles fügt sich und erfüllt sich,
mußt es nur erwarten können
und dem Werden deines Glückes
Jahr und Felder reichlich gönnen.

Bis du eines Tages jenen
reifen Duft der Körner spürest
und dich aufmachst und die Ernte
in die tiefen Speicher führest.

Gottfried Benn
1886–1956

SCHÖNER ABEND

Ich ging den kleinen Weg, den oft begangenen,
und diesen Abend war er seltsam klar,
man sah ihn schon als einen herbstbefangenen,
obschon es mitten noch im Sommer war.

Die Himmelsblüte hatte weisse Dolden,
die Wolken blätterten das Blau herab,
auch arme Leute wurden golden,
was ihrem Antlitz Glück und Lächeln gab.

So auch in mir, – den immer graute
früh her, verschlimmert Jahr um Jahr
entstand ein Sein, das etwas blaute –
und eine Stunde ohne Trauer war.

Rainer Maria Rilke
1875–1926

Das Rosen-Innere

Wo ist zu diesem Innen
ein Außen? Auf welches Weh
legt man solches Linnen?
Welche Himmel spiegeln sich drinnen
in dem Binnensee
dieser offenen Rosen,
dieser sorglosen, sieh:
wie sie lose im Losen
liegen, als könnte nie
eine zitternde Hand sie verschütten.
Sie können sich selber kaum
halten; viele ließen
sich überfüllen und fließen
über von Innenraum
in die Tage, die immer
voller und voller sich schließen,
bis der ganze Sommer ein Zimmer
wird, ein Zimmer in einem Traum.

Friedrich Hebbel
1813–1863

SOMMERBILD

Ich sah des Sommers letzte Rose stehn,
Sie war, als ob sie bluten könne, rot;
Da sprach ich schaudernd im Vorübergehn:
So weit im Leben, ist zu nah am Tod!

Es regte sich kein Hauch am heißen Tag,
Nur leise strich ein weißer Schmetterling;
Doch ob auch kaum die Luft sein Flügelschlag
Bewegte, sie empfand es und verging.

Ludwig Uhland
1787–1862

DER SOMMERFADEN

Da fliegt, als wir im Felde gehen,
Ein Sommerfaden über Land,
Ein leicht und licht Gespinst der Feen,
Und knüpft von mir zu ihr ein Band.
Ich nehm ihn für ein günstig Zeichen,
Ein Zeichen, wie die Lieb' es braucht.
O Hoffnungen der Hoffnungsreichen,
Aus Duft gewebt, von Luft zerhaucht!

Hermann Hesse
1877–1962

AUGUST

Das war des Sommers schönster Tag,
Nun klingt er vor dem stillen Haus
In Duft und süßem Vogelschlag
Unwiederbringlich leise aus.

In dieser Stunde goldnen Born
Gießt schwelgerisch in roter Pracht
Der Sommer aus sein volles Horn
Und feiert seine letzte Nacht.

ANHANG

Zu dieser Ausgabe

> »O Welt voll Glanz und Sonnenschein
> O rastlos Werden, holdes Sein,
> O höchsten Reichtums Fülle!«
> Marie von Ebner-Eschenbach

Jede Jahreszeit hat ihren Reiz, heißt ein geflügeltes Wort, aber wohl keine kann es an Sinnenfreuden mit dem Sommer aufnehmen. Er ist reich an Sonne, Wärme, Blütenpracht und Vogelsang. Der Mensch empfindet ihn als eine Zeit der Lebensfreude, als eine Zeit des Reifens und der Ernte.

Es kann daher nicht verwundern, daß diese lebensfrohe Jahreszeit über die Jahrhunderte hinweg vor allem auch die Dichter beflügelt hat. Diese kleine Auswahl mit Gedichten vom Barock bis in die Gegenwart versucht, etwas von der Fülle des Sommers in vier Kapiteln einzufangen.

»Willkommen liebe Sommerzeit« heißt es zu Beginn des ersten Kapitels in Höltys anmutigem »Mailied« aus dem 18. Jahrhundert. Noch ist zwar kalendarisch der Frühling nicht vorbei, aber der Dichter läßt sich, ebensowenig wie das Wetter, in derartige Vorgaben zwingen.

Die Vögel, die Blumen und die Mädchen signalisieren ihm die Ankunft des Sommers. Auch die folgenden Gedichte zeigen, daß die Zeit reif ist für den Aufbruch in die Natur, die jetzt einlädt, sich ins Freie zu begeben, zu wandern, um die neue »Daseinswonne« zu entdecken: Blühendes Leben in Wald und auf weitgestreckten grünen Hügeln und Wiesen, mit dem Jubelschrei der Lerchen, den Rufen des Kuckuck und dem Gesumm der Bienen. Besonders berührend ermuntert uns Paul Gerhardt in seinem von August Harder vertonten berühmten Lied: »Geh aus, mein Herz, und suche Freud / in dieser lieben Sommerzeit«.

Die ersten Grillen zirpen, die ersten Eidechsen lassen sich entdecken, Pferde springen munter auf satten Weiden und auch die Ping-Pong-Tische und Gartenmöbel werden im Freien aufgestellt.

Spätestens im Juni, dem »Mittsommermonat«, liegt ringsum »Sonnenschein auf Wies' und Wegen«. Die Natur erstrahlt in einem wundervollen Glanz, mit funkelnden Seen und einem tiefblauen Himmel, an dem die Vögel mit den warmen Winden gleiten. Überall regt sich die junge Tierwelt, und an Ufern und auf Wiesen blühen die Blumen und Gräser. Bei Theodor Storm liegt die Heidelandschaft in der warmen Mittagssonne, und bei Fontane bietet der schattige Wald Zuflucht vor der glühenden Mittagshitze. Erich Kästner beschreibt den Juni treffsicher und prägnant: »Aus Gras wird Heu. Aus Obst Kompott. Aus Herrlichkeit wird Nahrung.« Peter Uz flieht aufs Land und preist den dortigen Lebensgenuß. Auf den Wiesen beginnt die Heuernte, und für Hilde Domin sind der Duft der Lindenblüte und des sonnigen Heus »Windgeschenke« aus der Kindheit.

Gustav Schwab lobt die »Heuernte, schönste Zeit im Jahr«. Ludwig Uhland hingegen verweist auf die »Sonnenwende« (24. Juni, Johannisfest), und mit sommerlichen Abenden von Matthias Claudius und Heinrich Heine und der »Mondnacht« von Joseph von Eichendorff klingt das zweite Kapitel aus.

Gerade die milden Nächte werden in zahlreichen Variationen erlebt und besungen: wenn der Abend naht, die Felder ruhn, der Tageslärm verschwindet, die ersten Sterne zu blinken beginnen, die Nachtluft vom Duft der Linden erfüllt ist und der Gesang der Nachtigall erschallt. Auch Eduard Mörike erlebt einen Juli-Abend »wie trunken« und »staunend, lustbeklommen«.

Vom Glück des Sommers berichten die Gedichte im dritten Kapitel. »Wenn die Sommerwinde wehn, / Werden wir in Rosen gehen«, verspricht Otto Julius Bierbaum und auch Fontane fühlt sich, »als zöge die Liebe / Des Weges nebenher«. Im Juli nähert sich die große Erntezeit und »schwer von Segen ist die Flur«, wenn man auf versteckten Wegen durch das Kornfeld geht. Die schwülen Sommertage wecken bei Stefan George schwermütige Erinnerungen und Georg Trakl erzählt von der Stille vor einem Gewitter, das in der brütenden Hitze Linderung bringt, Georg Britting schwärmt von der Sonnenblume, die »ihr gelbes Löwenhaupt« zwischen den Bohnen erhebt. Hermann Hesses »Juli-Kinder« schließlich »Lieben den Duft des weißen Jasmin«.

Im August nähern wir uns dem Kulminationspunkt und der Sommersneige. Noch sind die Gärten farbenfroh, aber der Blütenflor der Astern kündet schon den Abschied an. Auf den Feldern neigen sich die Ähren immer tiefer, die Halme bleichen, der Gesang der Vögel wird leiser, viele Beeren sind reif. In früherer Zeit hörte man die Sicheln schallen; es ertönte froher Erntesang und das Mondlicht beschien manche Liebelei. So wie damals fallen auch heute die Sternschnuppen, sichtbar am Nachthimmel, und Wünsche können vielleicht in Erfüllung gehen. Und doch weiß Christine Lavant: »Alles geht im Schwermutkreise«. Bei Christian Morgenstern heißt es: »Alles fügt sich und erfüllt sich« bis bei Rainer Maria Rilke »der ganze Sommer ein Zimmer wird«. Die Blumen, allen voran die zauberhaften Rosen, haben geblüht und mit ihrem Duft die Luft geschwängert. Mit einem August-Gedicht von Hermann Hesse geht der Sommer unwiederbringlich zu Ende. Er »gießt schwelgerisch in roter Pracht [...] sein volles Horn« aus und »feiert seine letzte Nacht«.

Mensch und Natur nehmen festlich Abschied. Bald hält der Herbst Einzug und mit ihm die kälteren und dunkleren Tage. Gärten, Wiesen und Felder ruhen, die Menschen ziehen sich in die Häuser zurück. Die sommerlichen Gefühle gehören bald nur der Erinnerung an und verblassen.

In diesen Gedichten aber ist die Sommerzeit mit ihren

facettenreichen Stimmungen für immer eingefangen. Auch in Herbststürmen oder bei winterlichem Schnee-treiben bleiben die Sonne, die Blütenpracht, der Heumond und die glücklichen Stunden gegenwärtig:

»Schön wie niemals sah ich jüngst die Erde.
Einer Insel gleich trieb sie im Winde.«

Marie Luise Kaschnitz

QUELLENNACHWEIS

Hermann Allmers (1821–1902)
Feldeinsamkeit 24
In: Dichtungen. Bremen 1860

Ferdinand Avenarius (1856–1923)
Kornrauschen 85
In: Der Deutsche Spielmann. München 1910

Ingeborg Bachmann (1926–1973)
Die große Fracht 120
In: Werke. Bd. 1: Gedichte. © 1978 Piper Verlag GmbH,
München

Gottfried Benn (1886–1956)
Schöner Abend 122
In: Sämtliche Werke. Stuttgarter Ausgabe. Band 1: Gedichte 1.
In Verb. m. Ilse Benn hrsg. v. Gerhard Schuster. Klett-Cotta,
Stuttgart 1986

Horst Bienek (1930–1990)
Gartenfest 61
In: Gleiwitzer Kindheit. Gedichte aus zwanzig Jahren.
© 1976 Carl Hanser Verlag, München

Otto Julius Bierbaum (1865–1910)
Glaube nur 81
In: Erlebte Gedichte. Berlin 1892

Bertolt Brecht (1898–1956)
Vom Schwimmen in Seen und Flüssen 33
In: Werke. Große kommentierte Berliner und Frankfurter Ausgabe.
Bearbeitet von Jan Knopf. © Suhrkamp Verlag, Frankfurt am Main
1988

Georg Britting (1891–1964)
Die Sonnenblume 91
www.britting.com. © Georg-Britting-Stiftung

Barthold Hinrich Brockes (1680–1747)
Das schöne Würmchen 57
In: Irdisches Vergnügen in Gott [. . .] Hamburg 1743

Paul Boldt (1885–1921)
Junge Pferde 21
In: Das Gesamtwerk. Hrsg. von W. Minaty. Olten 1979

Wilhelm Busch (1832–1908)
Im Sommer 89
In: Gesammelte Werke in sechs Bänden. Hamburg 1982

Michael Buselmeier (* 1938)
Sommermittag 27
In: Die Rückkehr der Schwäne. © 1980 Verlag Das Wunderhorn
und Michael Buselmeier. Heidelberg

Matthias Claudius (1740–1815)
Abendlied eines Bauermanns (gekürzt) 71
In: Sämtliche Werke. München 1968

Hilde Domin (1909–2006)
Windgeschenke 68
In: Nur eine Rose als Stütze. © S. Fischer Verlag GmbH,
Frankfurt am Main 1959

Joseph von Eichendorff (1788–1857)
Mondnacht 74
Morgenlied 87
Sehnsucht 46
Trost 83
In: Werke. München [o. J.]

Marie von Ebner-Eschenbach (1830–1916)
Sommermorgen 12
In: Sämtliche Werke in zwölf Bänden. Band 11. Leipzig 1928

Gustav Falke (1853–1916)
Der rechte Ort 80
In: Die Auswahl. Gedichte. Hamburg 1910

Ludwig Fels (* 1946)
Fluchtweg 93
In: Der Anfang der Vergangenheit. © Ludwig Fels,
München 1984

Theodor Fontane (1819–1898)
Der Sommer 44
Guter Rat 77
Mittag 53
In: Werke, Schriften und Briefe. Hrsg. von Walter Keitel und
Helmut Nürnberger. München 1964

Emanuel Geibel (1815–1884)
Morgenwanderung 10
In: Werke. Hrsg. von W. Stammler. Leipzig [o. J.]

Paul Gerhardt (1607–1676)
Sommerlied 16
In: Des Knaben Wunderhorn. Alte deutsche Lieder.
Heidelberg 1805

Stefan George (1868–1933)
Juli-Schwermut 95
In: Gesamtausgabe der Werke. Berlin 1927

Martin Greif (1839–1911)
Pfingstfeier 15
Vor der Ernte 84
In: Gesammelte Werke. Leipzig 1909

Johann Wolfgang von Goethe (1749–1832)
Die Freuden 48
Die schöne Nacht 30
In: Hamburger Ausgabe in 14 Bänden. Hrsg. von Erich Trunz.
München 2000

Otto Erich Hartleben (1864–1905)
In stiller Sommerluft 100
In: Meine Verse. Gesamtausgabe. Berlin 1905

Friedrich Hebbel (1813–1863)
Sommerbild 124
In: Sämtliche Werke. Berlin [1911 ff.]

Karl Henckell (1864–1929)
Gewitter 103
In: Gesammelte Werke. München 1923

Heinrich Heine (1797–1856)
Die Heimkehr 73
In: Sämtliche Schriften. Hrsg. v. Klaus Briegleb. München 2005
(dtv 59074)

Hermann Hesse (1877–1962)
August 126
Der Duft der Rose 99
Julikinder 92
In: Gesammelte Dichtungen. © Suhrkamp Verlag, Frankfurt am
Main 1952

Paul Heyse (1830–1914)
Die Eidechse 25
In: Der deutsche Spielmann. München 1910

Friedrich Hölderlin (1770–1843)
Der Sommer 38
In: Sämtliche Werke in zwei Bänden. Band 1: Gedichte. Hrsg. von
Christoph Theodor Schwab. Stuttgart, Tübingen 1846

Ludwig Christoph Heinrich Hölty (1748–1776)
Erntelied 109
Mailied 9
In: Sämtliche Werke in zwei Bänden. Weimar 1914

Peter Huchel (1903–1981)
Sommer 102
In: Gesammelte Werke in zwei Bänden. Hrsg. von Axel Vieregg.
Band 1. Frankfurt am Main 1984. © Roger Melis

Ludwig Jacobowski (1868–1900)
Sommervormittag 90
In: Der deutsche Spielmann. München 1910

Erich Kästner (1899–1974)
Der August 113
Der Juni 49
In: Die dreizehn Monate. © 1955 Atrium Verlag, Zürich und
Thomas Kästner

Marie Luise Kaschnitz (1901–1974)
Juni 19
Hochsommer 105
In: Überall nie. © 1965 Claassen Verlag in der Ullstein Buchverlage
GmbH, Berlin

Gottfried Keller (1819–1890)
In eines Armen Gärtchen 22
Sommernacht 107
In: Sämtliche Werke und ausgewählte Briefe. München 1958

Justinus Kerner (1786–1862)
Im Garten im Mondlicht 29
Lob des Flachses 116
In: Ausgewählte Werke. Stuttgart 1981

Sarah Kirsch (* 1935)
Im Sommer 101
In: Sämtliche Gedichte. © 2005 Deutsche Verlags-Anstalt,
München, in der Verlagsgruppe Random House GmbH

Friedrich Gottlieb Klopstock (1724–1803)
Die Sommernacht 37
In: Ausgewählte Werke. München 1962

Karl Krolow (1915–1999)
Mahlzeit unter Bäumen 66
In: Gesammelte Gedichte. Band 1. © Suhrkamp Verlag,
Frankfurt am Main 1965/75

Gottfried Kölwel (1889–1958)
Nach der Ernte 112
In: Prosa. Dramen. Verse. Band 3. © 1964 by LangenMüller in der
F. A. Herbig Verlagsbuchhandlung GmbH, München

140

Christine Lavant (1915–1973)
Im Geruch der frühen Früchte 115
In: Spindel im Mond. © Otto Müller Verlag, 6. Auflage.
Salzburg 2006

Wilhelm Lehmann (1882–1968)
Testament des Sommers 119
In: Gesammelte Werke in acht Bänden. Hrsg. von Agathe
Weigel-Lehmann u. a. Band 1: Sämtliche Gedichte. Hrsg. von
Hans Dieter Schäfer. Klett-Cotta, Stuttgart 1982

Detlev von Liliencron (1844–1909)
Einen Sommer lang 55
In: Gesammelte Werke. Gedichte. Berlin und Leipzig 1911

Oskar Loerke (1884–1941)
Sommerlied 14
In: Gedichte und Prosa. Erster Band. Hrsg. von Peter Suhrkamp.
© Suhrkamp Verlag, Frankfurt am Main 1958

Conrad Ferdinand Meyer (1825–1898)
Schwüle 94
In: Sämtliche Werke. Band 1. Bern 1963

Christian Morgenstern (1871–1914)
Stilles Reifen 121
In: Jubiläumsausgabe in vier Bänden. Hrsg. von Clemens Heselhaus.
München, Zürich 1979

Eduard Mörike (1804–1875)
Auf einer Wanderung 82
In: Sämtliche Werke. München 1967

Jürgen Nendza (* 1957)
Zum Beispiel 32
In: Glaszeit. © Atelier Verlag, Andernach 1992

Rainer Maria Rilke (1875–1926)
Das Rosen-Innere 123
Städtische Sommernacht 35
In: Gesammelte Dichtungen. Frankfurt am Main 1958

Joachim Ringelnatz (1883–1934)
Sommerfrische 78
In: Und auf einmal steht es neben dir. Gesammelte Gedichte.
Berlin 1964

Friedrich Rückert (1788–1866)
Wo Mittagsgluten brüten 54
In: Rückert-Nachlese. Sammlung der zerstreuten Gedichte und
Übersetzungen Friedrich Rückerts. Weimar 1911

Friedrich Schiller (1759–1805)
Morgenphantasie 41
In: Sämtliche Werke in fünf Bänden. Band 1. Hrsg. von
Albert Meier. München 2004 (<u>dtv</u> 59068)

Friedrich Schlegel (1772–1829)
Abendröte 28
In: Musen-Almanach für das Jahr 1802. Tübingen 1802

Friedrich Schnack (1888–1977)
Die Linde 36
In: Gesamtausgabe des poetischen Werkes. 3. Band ›Die Lebens-
jahre‹. Gesammelte Gedichte. München 1951. © Sebastian Schnack

Gustav Schwab (1792–1850)
Heuernte 69
In: Deutscher Musenalmanach für das Jahr 1838. Leipzig 1838

Theodor Storm (1817–1888)
Abseits 51
Juli 86
Die Nachtigall 31
In: Sämtliche Werke. Leipzig 1923

Julius Sturm (1816–1896)
Erntefestlied III
In: Der deutsche Spielmann. München 1910

Georg Trakl (1887–1914)
Sommer 96
In: Das dichterische Werk. München 1972

Ludwig Uhland (1787–1862)
Der Sommerfaden 125
Sonnenwende 60
In: Gedichte und Dramen in zwei Bänden. Erster Band.
Stuttgart 1815

Johann Peter Uz (1720–1796)
Der Weise auf dem Lande 62
In: Sämtliche Poetische Werke. Stuttgart 1890

Wilhelm Weigand (1862–1949)
Sommerglück 79
In: Der deutsche Spielmann. München 1910